DESPEDIDAS
Y
DESPERTARES

Rocío Casado González

Despedidas y despertares

Primera Edición 2024
© *Rocío Casado González 2024*

© *Editorial Poesía eres tú.*
https:// poesiaerestu.com
C/Dr. Fleming Nº50, 4ºD
28036 Madrid
Teléfono: 34 91 999 13 12

ISBN: 978-84-18893-77-3
Depósito Legal: M-14347-2024

DESPEDIDAS
Y
DESPERTARES

ROCÍO CASADO GONZÁLEZ

*Se lo dedico a
mi padre querido
el mejor hombre que he conocido.
El "bicho" te ha cogido,
¡lucha! estamos todos contigo.*

DESPEDIDAS
Y
DESPERTARES I

DESPEDIDAS Y DESPERTARES

La marcha de un ser querido siempre es dura. El hueco que deja en nuestro corazón no se puede rellenar nunca. Los echamos de menos, los seguimos queriendo, pero no están a nuestro lado y aunque lo hemos asimilado nunca podemos dejar de sentir ese vacío en nuestro interior; sabemos que los volveremos a ver, pero se hace tan larga la espera… nos sentimos tan huérfanos, tan solos, que nos entristece pensarlo. Otras veces, reímos recordando anécdotas que vivimos con ellos o nos acordamos de las enseñanzas que nos dieron y damos las gracias por haberlos tenido en nuestras vidas.

Yo creo que seguiremos viviendo después de la muerte; llámalo intuición, vivencias subjetivas o simplemente lógica, puesto que, si no fuera así, la existencia no tendría mucho sentido.

La marcha de un amor también deja un vacío en el alma. Los recuerdos al cerrar los ojos nos llenan de nostalgia y nos preguntamos qué pasó; por qué perdimos a esta persona. ¿Acaso es lo mejor? si ha pasado ¿es por algo que teníamos que aprender? y le damos vueltas y vueltas; a veces, nos hace falta tiempo para entender qué ocurrió y distanciarnos para saber dónde fallamos o si esa persona nos falló o fallamos los dos o simplemente no estábamos hechos para estar juntos; otras veces evolucionamos de forma diferente y la separación es inevitable y no solo es lo correcto, sino también lo aconsejable.

El tiempo, de nuevo, nos hace superar los sentimientos dolorosos, aunque no los olvidamos. Es necesario para sanar, para recomponernos y poder continuar. Y volvemos a amar de nuevo con la misma o más intensidad y tal vez, cuando todo pasa, vemos la vida de otra manera y reflexionamos sobre las cosas que hay a nuestro alrededor, valorándolas más y a nosotros mismos también nos valoramos más, lo que nos ayuda a crecer y evolucionar como personas y como sociedad.

A LOS QUE SE HAN IDO

Que lo sepa el mundo
que no los olvido
a los que se han ido
en una cama solos luchando
intentando respirar.

Que sepa el sol que calor nos da,
pero no es suficiente para sentirlo dentro
cuando me acuerdo de aquella gente en el hospital.

Que las luces de la ciudad
iluminen el rostro pálido y frío
de aquel familiar
que queda encogido
de tanto llorar,
que camina y camina
que el día despierta,
pero que sigue durmiendo,
sonámbulo, mirando la agenda
que le indica el objetivo a alcanzar;
que con pena camina
y que nunca lo va a olvidar.

Que no se olvide nadie de la verdad
que cambió esta sociedad.
¡Qué viva la eternidad
del corazón de la buena gente
que nos hizo avanzar!

A MI TÍO ROBERTO

Hoy se han quedado mudos los chigres de Gijón
ya no se escancia la sidra
ya no se oye entonar tu canción.
Siento pena en el alma y dolor en el corazón.
¡Qué el tío Roberto se ha muerto!

En la cama se ha quedado durmiendo.

Con los amigos compartías vivencias y alegrías
y por encima de todas las cabezas tu bigote… reía.
Te recuerdo paseando,
un helado de Verdú te ibas tomando,
alegre y disfrutando
caminando bajo el sol.

El mejor dibujando.
Lo que tenías de estatura lo tenías de corazón.
Me parece mentira que te hayas ido.
Te echaré de menos, de ti con cariño me despido.
¡Marchando un pinchu y un vino
quiero brindar contigo!

Roberto Casimiro Casado Blanco
15/07/2021

OTOÑO

Hoy el otoño me ha dicho al oído
que siente frío,
que el sol se ha ido.

Hoy la alegría se compra en otro sitio,
el verano ha caído
y el invierno sereno y frío
ha ocupado su lugar sombrío.

Hoy la claridad de la luz se aleja,
mi alma con nostalgia se acuerda
de las sonrisas de complicidad.

Hoy mi mente me repite
que de ti me olvide,
que a otro lugar me retire,
que tu camino descamine,
porque no puedo tenerte,
porque no es posible quererte,
mi mente me prohíbe
que vuelva a verte,
que de tu lado me vaya,
pero mi alma no puede,
mi alma se rebela y muerde,
porque no se quiere liberar.

COMPAÑERO

¿Dónde ibas? ¿De dónde venías?
Tuve que decirte adiós,
con angustia y dolor,
aquel coche no paró,
aunque ya era tarde
nadie se quedó a ayudarte.

Tengo un nudo en la garganta,
y no quiero recordarte;
no puedo respirar,
pánico resbala por mi piel
e inseguridad advierte mi voz
cuando dentro de mí te oigo reír.

El compañero de travesuras
y risas cruzadas, de aquellas miradas,
aún me acuerdo ti,
de aquella bachata
que me sacaste a bailar,
tú no estabas para pensar…
y yo no quería parar,
vueltas y vueltas me hiciste dar,
carcajadas de alegría inundaron
la pista y la noche.

Hace tiempo que dejaste un hueco
y un frío en el alma, sensación de vacío,
de repente ya no estabas "ojos negros".

Aún me acuerdo de ti
y de tu risa en mi interior.

BESOS

Quiero que me cantes al oído
aquella canción que habla de besos,
de esos intensos,
de los que se echan de menos,
de los que se dan lentos,
de esos que dan miedo,
porque descubren los secretos
y dejan a la vista el amor.

Quiero que me recuerdes
esos besos que hacían vibrar
todo nuestro interior,
de los que se enredan
y quedan capturados
en el corazón.

Tú me cantas tu canción
y yo rememoro aquellos besos
escribiendo un poema
y soñando con aquel sentimiento de calor.

ÁRBOL HERIDO

Árbol herido
¡malditos los pasos
de un leñador aburrido!
Dolió el hachazo,
quebraron sus ramas
mientras el suelo retumbaba;
¡pobre arbolito!
lloraban las plantas
que a su lado moraban.
Salió el pajarito
que en él anidaba:
—y ahora ¿dónde estará mi casa?
Árbol herido,
árbol caído,
por un caprichito
de un leñador aburrido.

COVADONGA

Un manto verde cubre tu tierra
Covadonga
¡La más viva!
¡La más bella!
Olor a fresco desprenden tus praderas,
los colores se enredan
pintando un marco excitante
y cuando el sol aparece
alegría en el alma se queda,
pues observas el más bonito paraje.
El rey Pelayo serio
vigila la frontera
con la cruz en la montaña
desde donde tiró las piedras.
Los lagos quietos
y tranquilos la coronan.
¡Qué no me la cambien
¡Qué no la ensucien!
¡Qué no la "prendan"!
Que la Virgen pequeñina y galana
se altera.
Recuerdo que en esa cueva
se casó mi abuela.
A sus pies los siete caños
de la fuente espera
a que una moza
de ellos beba.
¡Covadonga bella!
La catedral impone
la vista más hermosa,
extraordinario verde paisaje
ante el que mudo quedas.

BURRITO DE PLATA

En Mijas estabas
burrito de plata,
¡qué cosa tan guapa!
Con tu pelo mullidito,
pequeñito y blandito,
pareces hecho de trapito.
Mi preferido.
Me das cariño,
me das calor,
¡me encantas!
Burrito guapo.
Burrito listo.
Burrito de plata,
¡qué cosa tan guapa!

YA SÉ

Ya sé que tienes novia.
El otro día te vi felicidad en la mirada,
que todas esas pistas a alguien se las dabas,
te vi luz cuando la admirabas,
te vi la sonrisa más alegre y los ojos enamorados,
te vi... que la mirabas por todos lados.

Ya sé que tienes novia.
Te vi recorriendo los detalles de su cuerpo,
colocando su blusa fina por el cuello,
una chica más joven,
una más guapa,
una "sin cargas"...
una que te sonríe cuando hablas
y no puedes hacer más que abrazarla.

Se me encogió el alma.
Se me escapó un suspiro,
cerré los ojos y un peso enorme
se posó en mi pecho
y por un momento,
se paró el tiempo
cuando la besabas...
Sé que tienes novia y que nunca seré yo.

ESCLAVITUD EN AFGANISTÁN

El corazón se encoje,
el alma se estremece,
las sombras aparecen
cuando una mujer perece.

Las lágrimas hacen que brote
la rabia y el cuerpo abrasan.
¡Ni una más!
¡Ni una más!
¡Ni una más muerta por la libertad!

Las instituciones se disfrazan
para ocultar la vergüenza,
y no hablar de la verdad.

Que no se ponga de moda
dar voz a las personas
que deambulan como fantasmas
con la cabeza agachada
y el miedo en su garganta.

¿Y si fueran tus hijas
envueltas en sacos?

¡Dejad que a la situación
se vayan acostumbrando
que no habrá nación
que actúe para esta injusticia ir cambiando!

¡Que nacen para vivir en tinieblas!
¡Qué castigo divino les espera como se rebele alguna de ellas!

Porque sueñan con bailar,
porque sueñan con estudiar,
porque viven para soñar,
porque nadie las deja escapar
esclavas de por vida que nadie va a liberar.

AMOR PERDIDO

Explosión de amor
que surge de mis entrañas
solo mi corazón siente rabia
e impotencia al verte.
Tu mirada se evade
en el infinito…
Allí donde está tu vida
comienza mi muerte.
Allí donde ganas amor,
allí donde el mío se pierde.

No me olvidaré de todas las horas perdidas,
de las palabras vacías,
de las sonrisas prohibidas,
del sabor del amor,
porque todo queda,
aunque no quieras
en un rincón de la conciencia
vagando en la memoria
como el dolor en el corazón.

RECUERDOS

Recuerdos de una antigua casa
con un viejo pasillo de madera
que al andar crujía
y en la segunda estancia aparecía,
detrás de la puerta chillona,
un pequeño cuarto que casi se hundía;
vida hacía
la cabeza loca
llena de recuerdos y de fantasía,
de alta nobleza, señorita fina.
Solía ir de un lado a otro
como una sombra,
una sombra fría,
paseando encogida entre trastos,
trapos y fotografías,
que en su juventud
habían estado arreglados.
Y ella se miraba al espejo nublado
del viejo tocador
y se peinaba el poco cabello blanco
y recordaba aquellos días
en que su melena frondosa lucía,
de oro se cubría
y su rostro de bella juventud ardía.
Todo ha pasado ya,
ahora solo queda esperar,
sola, como toda la vida,
sola y abandonada de amor.

Cabeza loca de locas ideas
e incomprensión
que aguarda el terminar
de sus recuerdos,
la noche de la vida,
el fin de su melancolía.

PAPÁ

Mi papá querido,
mi mejor amigo,
el bicho te ha cogido,
¡Lucha! Estamos todos contigo.

Nunca te des por vencido
que la palabra maligno
solo nos muestra su signo,
pero la palabra VIDA
significa mucho más.

Tú ten paciencia
que yo te traeré besos y abrazos
para animarte a continuar.

El mejor hombre que he conocido,
el hombre que más me ha querido,
ten por seguro que vencerás,
porque eres el más fuerte
y te mereces ganar,
porque eres el más bueno y recto
y te necesito siempre adorar,
eso y mucho más.

Tú ponte bueno
que yo te llevaré naranjitas y miel
para desayunar
para que te puedas curar.

Has mandado y ordenado
y con mil problemas has lidiado,
entiendo que miedo no te va a dar
pelear con ese bichito,
puedes con eso y con mucho más.

Siempre has estado a mi lado,
me has apoyado, me has alentado
y aconsejado, me has dado valor
y mucho más.

Tú lucha, que yo te llevaré
figuritas de mazapán
para esta Navidad…

¿AMIGA?

Amiga dices que eres,
pero tú no te mueves
si no tienes beneficio
de lo que quieres.

Amiga dices que eres,
pero me dejas mal en cuanto puedes,
que te da envidia hasta el más nimio
de mis enseres.

Amiga dices que eres,
pero no soportas mis conquistas,
ni mis logros, ni mis amigos fieles.

Para no saludarme un día
giraste por la calle Lombía,
que te vi desde mi portal,
porque ibas con un chaval
y se ve que te venía mal,
que ya no te compensa,
que mis problemas te la traen fresca,
porque ya no te conviene.
Por eso después de aquello
no fui a verte,
aunque estabas muy malita,
ya estabas rodeadita
de todas tus "amiguitas fieles",
porque tú eres amiga
sólo para lo que quieres.

ME LLAMO SOLEDAD

Soledad, me llamo Soledad.
Soledad es un lápiz gastado,
un cigarrillo apagado,
un montón de silencio disparatado...
Soledad, me llaman Soledad.
Es la musa de los sueños,
Soledad es tranquilidad
que te invita a recordar,
grandeza de Soledad.
Inspiración de la vida,
pensamiento de sinceridad.
Es aquella que escucha.
Es aquella que calla.
La vasta interioridad
¡Y sólo te llaman Soledad!

LUNA LLENA DE AMOR MUERTO

Luna llena rodeada
de nubes encrespadas
de amor muerto
deja que pasen los cristales rotos
y rayen los pedazos de mi corazón.
Deja que corra la silenciosa brisa, deja…
que un solo lamento destroce todo mi interior
y cuando haya pasado la tiniebla deja
que quede una luz de plata pintada
sobre un inmenso mar de alquitrán de olas agitadas
¡Luna llena burlona que quedas entera
no te rías del dolor!
Después de todo y de todos
solo queda el recuerdo de tu amor.

EL SECRETO DE LA LUNA

La luna guarda secretos,
mi vida se rompe dentro,
contén el aire un momento
y mata un sollozo lento.

¡Calla, calla, calla!

Otra noche ha de pasar,
otro día en el país de las ninfas
para poder continuar.

La noche sabe secretos
de los que es mejor no hablar,
todo el mundo está tranquilo
no los tienes que enfrentar.

La luna está tranquila
me mira y me ilumina:
—yo te abrazo y te quiero niña
tú alegre puedes continuar.

Si la noche te da miedo
cierra los ojos y mira dentro,
fluye el pensamiento,
sin límite ni tormento

¡Calla, calla, calla!

Que es mejor no contar
que hay vidas basadas
en un cuento de verdad.

¡Calla, calla, calla!

Que es mejor callar
que no se vaya nadie a incomodar,
que la gente esté contenta
y yo pueda respirar.

¡Calla, calla, calla!

Que de nada sirve la verdad,
pues la luna busca paz
y te ha perdonado ya.

AMANECEN LOS SENTIDOS

Hoy la noche abraza mi nostalgia,
hoy el frío de la calle me aparta
de las cosas superfluas del día a día,
las cosas que te tienen dormido
y que ponen obstáculos en el camino,
pues no te dejan progresar.

Ahora la lluvia despierta mis sentidos.
El recuerdo descubre cosas amargas
que el inconsciente ocultó
para no hacer daño a la mente,
para no tener que cargarlas
en mi estima y mi emoción.

Hoy mi vida encaja todo ese temor.
Ahora me mira con más amor,
porque oye el latido tranquilo de mi corazón
y mi paz interior.

LIBRE

Salgo al bosque a pasear
y veo la hoja volar
que goza con el aire y da vueltas al azar.

Nadie la puede parar.

Miro por la ventana y la lluvia veo resbalar
los cristales no la frenan.

Dejan las gotas terminar.

Veo mi mente que se aleja para soñar
y que libre se ilusiona al imaginar
nuevas fantasías sin realidad.

No la puedes limitar.

Te quería siempre cerca,
pero tú querías volar
alma libre a la que amo
¡debo dejarte marchar!

Y ME ECHÉ LA CULPA

Y me eché la culpa
para poder avanzar,
porque tú no admitías la realidad
y lo hice mal,
porque ahora me doy cuenta
de que no te podré perdonar.
Porque me hiciste daño.
Porque no me quieres, me necesitas,
esa es la verdad,
porque muchos años he estado dando
y las migajas me das
de ese amor que suplicas;
porque no me valoras,
porque te quieres a ti mismo,
y a los demás,
pero a mí no me amas,
no me amas de verdad
y por eso cuando me hiciste daño
no te quiero, ni puedo, ni debo perdonar.

ADIÓS A ESA MELODÍA

Adiós a esa melodía
que un día
escuchamos juntos.
Aquellas canciones
que nos traían a la memoria
las pequeñas cosas
que saben a copas de vino y rosas.

Adiós me dijiste
mientras ibas dejando trozos de tu mirada
por el camino
que taladraban mi cabeza
y a mi sobra le hacían sufrir;
y huyó mi amor del cuerpo
como hace el alma al morir.

Adiós a las intimidades compartidas,
a tantas tardes creadas para amar,
a tanto tiempo entregado sin pagar.

Adiós y ya está
a la persona que creías
que era para la eternidad.
Tantas miradas encontradas
que ahora se hacen lágrimas al recordar.
Tanta vida cómplice del amor
que no funcionó y ya está.

NO SIENTO NADA

No siento nada,
no quiero nada,
cuando el amor se acaba
queda el vacío en el alma.

Todo se fue y no se fue,
todo queda, queda nada.

Pensé que tú eras…
y no eras nada.

Pensé que te quería
y no te conocía.
Yo te veía ciega y te sentía,
pero estaba equivocada,
porque ahora sólo queda… nada.

ESCUCHA TU INTERIOR

Jazmín de tierra dorada
deja que fluyan en ti
amor, fe y esperanza;
que la vida no es vida
si no se tiene con quien amarla.
Sabor a romero
el mar apaga el sol
bajo tu mirada,
yo miré donde tú estabas
y tú los ojos cerrabas,
oías agitarse el movimiento,
oías las olas,
oías el viento…
al fin escuchabas,
pues sentías la furia
que por dentro llevabas.
Muchacha: —¡mira mar,
no me lamento
tú no serás capaz
de decir que miento
y si no es verdad
di al sol que venga y se meta dentro!
Sol: —¿estás segura?
Muchacha: —Completamente
ven y mírame de frente,
¡y calla, pues no paras de hablar!
Y no me dejas escuchar,
ni sentir el viento,
ni respirar,
ni mirar para adentro;

vete hasta mañana
y déjame soñar…
Te juro que al alba
descubro lo que me ha querido
susurrar el mar.

PULULABAN

Pululaban mis pensamientos
en el horizonte de mi ventana,
el paisaje me preguntaba:
—¿te veré mañana?
Y en la mañana desde otro lugar
el horizonte me mira
y vuelve a preguntar:
—¿te has vuelto a extraviar?
—Sí, me estoy perdiendo…

¡Viaja, viaja, viaja sin parar!
Siempre en movimiento,
nunca encuentras lo que vas a buscar
si tienes miedo de la verdad encajar.
Párate un instante, sosiega el aliento,
mírate por dentro;
cierra los ojos y sueña un momento:
salta y toca donde mar y cielo
tienen su encuentro.
Luego vuelve a mirar
lo que tienes dentro,
abre los ojos y dime
si lo que ves te enseña
el mismo reflejo que tu espejo.
Sé sincero y viste por fuera
lo mismo que en lo profundo de tu yo inmenso.

OJOS DE MAR

Niño de ojos de mar,
reflejo de nubes de algodón,
dulce mirar.
De labios ardientes,
de fuego eterno,
de risa alegre,
de sincero sentimiento de amor inacabado…
—¿Te vas?
¿Cuándo volveré a verte?
Sí, ya sé que jamás.

A MI AMOR

Querido amor a ti te escribo
para que no sufras por el olvido.
Querido amor a ti te pido
que no te metas más en líos,
que vuelvas de nuevo al principio,
¡que te rehagas amor querido!

Sé que sonreirás como un niño.
Sé que buscarás tu camino.
Cuando al acariciarte
notes mi mano suave
con intención de curarte
sabrá mi alma
todo lo que has sufrido.

¡Amor querido!
Volverás a sanarte,
pero también sé
que no volverás a ser el de antes.

PAÑUELO NEGRO

Aquel pañuelo negro
que alguien había perdido
sin darme apenas cuenta
ya lo había cogido.
"Mi pañuelo querido
de seda largo y suave ¡qué bonito!
¡qué cariño le he cogido!…"

Pero un día se me perdió,
se quedó en un rincón escondido.
Me di cuenta y quise encontrarlo,
pero tú me dijiste egoísta:
—¡pues yo no vuelvo a buscarlo!
y es ahí donde me di cuenta
de que igual que vino a mí, igual lo perdí
y que todo lo que pasa es por algo,
pues después de un tiempo
me separé de ti,
porque mi amor se extravió
y yo no volví a buscarlo.

NO SABES

Yo no sé si sabrás
que en tu existencia
pocas cosas valdrán tanto
como el amor que te estoy dando.

No sé si estás valorando
todo lo que aparté de mi lado
por verte feliz.

Y ahora cuenta me estoy dando
de que todo eso me daba la vida
y hacía a mi alma sonreír.

No sé si estás al tanto
de que estoy sopesando
volver a mi camino,
pedirte que frenes el coche
para gritarte:
—¡para, que quiero ir andando!

SE APAGÓ

Se apagó la vela del candil sereno,
despegó el viento
y la mató en silencio.

Se derramó el jarrón
con tus flores amargas;
se inundó el vaso
del agua salada
de las lágrimas acumuladas
recordando embelesada
los rincones de tu piel adorada.

Cambió la vida que hasta entonces llevaba.
Nació en mi ser
pena, soledad y añoranza.
Alcé la cabeza y el sol me esperaba,
sabia estrella que mi depresión curaba.

El tiempo pasó
y lejos quedó
el tóxico amor
que rabia recordaba,
por aquel engaño
que mi luz robó
y la ilusión de mis ojos apagaba.

NOVIO TÓXICO

Aquel día tomando café
conocí del todo a quien dejé.
No te sentó muy bien:
al principio ibas diciendo
que tú me habías dejado
y cuando lo rectifiqué,
sin ponerte siquiera colorado,
me dijiste que la ruptura habías forzado
y yo tan tranquila, sin moverme del sitio
apunté: —lo forzaste desde el principio;
y a la primera ocasión
me contaste a bocajarro
que con una amiga mutua
te lo habías montado,
Julia se llamaba la chavala;
y que todas mis "amigas" al tanto
estaban de todos tus pecados
y ni una sola de ellas
me lo había contado.
¡Menos mal que te he dejado!
Recordé entonces una anécdota
que me habías explicado
en la que un hombre trataba
muy preocupado
con cariño a su amada,
mimándola y mirando
si podía ayudarla con algo
y tú te reíste de él "calzonazos"
le habías llamado.
Ahí tenía yo que haber espabilado.

¡Menuda vida me hubiera esperado
con semejante persona al lado!
Así que, te dejé a ti y al tabaco
y a aquel grupo de envidiosas fariseas
que algún día amigas había llamado.

EL NIVEL MÁS BAJO LO TIENES TÚ

Tú nunca me has valorado,
crees que nunca estaré a tu nivel,
porque quieres a una persona
a la que puedas llamar idiota,
a la que cargues tus derrotas
y a la que aplastes para crecer;
pues bien,
en mi caso lo tengo claro,
vete ya de mi lado
y no me molestes más,
que no he nacido para tener al lado
a un merluzo malencarado;
y mira, en una cosa has acertado:
jamás estaré a tu nivel

LA BUENA PERSONA

Católica dices que eres,
pero dañas cuanto puedes,
con la lengua viperina que sostienes
ponzoña metes en tus conversaciones,
que te he oído decir unas cosas
que hasta al diablo sonrojas;
que te alegras del mal ajeno
y aunque tengas dinero
te pones verde de la rabia
al ver que otro lo tiene
o que luzca más que tú.
Para mí que arrastras un problema
que deberías consultar
y ya que te pones, además, tratar,
porque debes tener presente
que a la gente la podrás enredar,
pero cuando te venga la muerte a llevar
a esa, no la podrás engañar.

PERDIDO

Cuando todo está perdido,
cuando el sol aún no ha nacido,
cuando el alma ha encogido
de tanto llorar
y las lágrimas la piel queman,
pues el viento las reseca
con sus ráfagas inquietas.
Mi corazón palpita
y la vida suplica
que acabe todo ya.

Cuando la tormenta cae sobre el mar,
en ese momento maldito,
en que no se puede caer más,
me llevarás un pedacito
de esperanza hueca
para que la pueda llenar
y quizá la noche serena
me regale otro día más.

DESPIERTA

Aquel que coge mi mano
cuando tiembla mi alma,
que me habla sereno y me calma,
que pasa la noche a mi lado
hasta que me canse de quererlo,
que me abraza, porque me ama,
que me atiende, aunque no hable,
que me espera, aunque tarde,
que me da lo que tenga,
que en su lista voy primera
y mis deseos son ordenes, porque me adora,
porque me apoya y me valora
y se queda a verme feliz...
¡Despierta niña, porque ese es para ti!

RECORDÁNDOTE

Buscando voy que el viento me roce,
buscando que el fresco olor temprano
mime mis labios y goce
del recuerdo de otros años;
y en el horizonte un perderse
y un susurro en la brisa
agolpa mis pensamientos muy deprisa
y pilla desprevenida mi media sonrisa
rememorando lo que es quererse.

Otra vez la paloma cruza
de un margen a otro de la ventana,
el viento la lleva,
vuela como quisiera
volar yo algunas veces
libre como el mar,
mirando al cielo azul
sin nada que la frene.

MIRAS POR INTERÉS

Aquel moreno me miraba,
en todas partes preguntaba
por mí y me buscaba.
Me hablaba interesado;
pero un día pasó por mi lado
sin mirarme,
sin saludarme,
sin nada.
¿Qué ha pasado?
¿Otra te ha conquistado?
No parece que vayas acompañado.
¿Por qué te perdí de repente?
¿Ya se te ha pasado?
¿Te has cansado?
Mi vino se quedó caliente hablando
animada con aquella gente
esperando verte
y tú, incómodo te sentiste,
cuando mis ojos te buscaban,
¿ya no te puedo observar siquiera?
Yo nunca te retiré la mirada
¡mal amigo!
Que ahora dices presumido
que yo te persigo.
¡Válgame la luna de testigo!
que hace dos días me prestaste tu abrigo,
porque tenía frío
y reíste a gusto conversando conmigo.

Perdiste el interés…
o lo entiendo todo al revés
o te has dado cuenta
que lo que querías tener
yo no lo tenía en venta.

MÚSICO

Cuando tu mirada se pierde en el mar,
la guitarra al lado apoyada espera,
tus dedos acarician sus cuerdas.

¡Tengo celos de las melodías,
porque las tocas!

Las chicas curiosas
se paran a escucharte
y mil canciones les enseñas.

¡Las detesto a todas ellas,
porque todas quieres abrazarte!

¡Tengo miedo del mundo,
porque lo observas!
y sé que algún día
te irás y me quedaré pensando
qué miraban tus ojos bellos
y preguntándome si podré yo
algún día entrar en ellos.

PIROPO

Esa media barba morena,
esa sonrisa descarada,
si me das una mirada
tiemblan mis piernas
y grito que estoy enamorada.

Te brilla el pelo mojado
y tu cara iluminada
me obliga a apartar la mirada,
pues provocas en mi alma desbocada
que un día aparezca desmayada.

OJITOS VERDES

Ojos verdes
brilla el sol en tu mirada,
tu pelo enmarañado
jugaba sobre la almohada
y yo te miraba...
No sé cuánto estaré ensimismada,
acariciando tu piel
a ti enredada.

ESCONDIDOS

Me llevaste a tu lugar secreto,
recogiste hacia atrás mi pelo
y me dijiste pegando tu cuerpo al mío:
—dame un beso.
¿Qué daño hace un beso y nada más?
Y acoplado a mi cadera
te inclinaste hacia mis labios fríos
y yo con tono canalla te respondí:
—¡pues no sé, díselo a tu compañera!
Provoqué tu sonrisa y desenfreno
me agarraste fuerte por la cintura,
la pared frenó nuestra locura
testigo del impulso y la travesura
y ya no puedo contar más,
porque aparece la censura.

SEÑALES

Cada vez que te veo nene
y me mandas una señal
prometo hacerme la tonta
para que no se vea mal,
¿me esteré volviendo loca
o me envía una señal?

Si haces referencia
a cosas de las que hablamos
provocas en mí una sonrisa,
porque eres un descarado.

¿Cuándo te vas a atrever
a dejar de ver y entrever
y me vas a señalar algo directo,
así, a quemarropa, sin rodeos?
Déjate de cuentos
y de tantos aspavientos
¡Qué paciencia tengo!
Arriésgate a la aventura,
criatura
y así, te contesto de una vez.

MIL

Mil besos te daría si me dejaras.
Mil caricias tengo apiladas
esperando el momento de ser empleadas.
Mil horas me pasaría,
si quisieras, a ti abrazada.

Apenas te conozco,
pero sé que estoy enamorada;
estoy loca lo reconozco,
puedes repetirlo mil veces,
pero la conexión que tenemos
no es normal y no se rompe con nada.

Mil veces te diría que te quiero
si tú me dejaras…

LOS QUE TE ORDENAN

Caballito de madera
con la cabeza hueca estás,
te balanceas y balanceas,
pero del sitio no te moverás.

Corderito de corchopán
que te estimulan adelante
con los ojos medio tapados
y los perros guardianes a los lados
que te ladran para que avances
y del camino recto no te apartes.

Piñata unicornio
que colgada vives,
los palos que recibes
para que te saquen del cuerpo
hasta el último dulce que admites.

Así es como te trata
toda la chusma barata
que manejan y gestionan tus bienes
y obligan a nuestra sociedad.

DESPEDIDAS
Y
DESPERTARES II

Para mi padre,
sé que tú vienes a verme
yo te iré a ver al mar.

ME DOY CUENTA DE MI SOLEDAD

La bocanada de fuego ardió
hasta que la última luz de las cenizas se apagó
y al poner la mano en ellas notó
que se quemaba la piel y ardía el fuego
dentro de sus entrañas heladas
que se derretían bajo la lluvia de verano,
aquello le alivió;
aquellas gotas de amor eterno quedaron
sobre la tierra mojada que iba pisando al caminar
y al mirar para atrás
vio las huellas profundas que sus botas dejaron al andar
           ¡estoy sola, sola en la oscuridad!

UN BESO AL CIELO

Poesías a mi padre

...y el tío Roberto te cogió de la mano
para ayudarte a cruzar
a la otra orilla del mar,
como dos buenos hermanos,
como cuando erais pequeños
e ibais a la escuela a estudiar.
Vosotros no estáis solos
y los que quedamos aquí
no os vamos a olvidar.

Un beso al cielo.

A MI PADRE

Y las luces de la sierra
brillaron lejanas, solas y enlatadas,
pero la oscuridad de la noche amarga
envolvió en llanto su tristeza.
¡Déjame llorar sola!
que mi alma rota
empaña el horizonte en la lejanía
y no deja ver luz al final
de la agonía;
no está muerto
que aún le queda vida,
le queda vida y respira
y mientras tenga vida
la esperanza llora y su aliento suspira,
pero respira tranquila.

¡Que se muere mi padre
y duele mucho dentro!
¡Que se muere mi padre
mirada al cielo, dolor inmenso!
¡Que se le va la vida
pero aún respira,
mal, pero respira!
Deja que invente un cuento, una canción, una poesía
para no tener que soportar la partida.
Que cierre los ojos
y te sueñe en recuerdos
tan vivo como mi mente para siempre querría.
¡Que se me va mi padre
ya no respira!

SE FUE...

Un grito se ahogó en mi garganta
y un nudo en el pecho que no respiraba.
¡No dejes que se quede!
¡No dejes que te lleve!
¡Qué se vaya, qué se vaya con otra persona que sea mala!
Con otra que se lo merezca
que tenga negrura en las entrañas.

Las lágrimas que más duelen
al cerrar los ojos
al alma vencen.
¡No te vayas!
No soy capaz de encontrar
dónde está mi faro para caminar,
que te quiero abrazar,
porque eres el más fuerte.
Que me mata no saber dónde has ido
para poderte contar
que tengo algo roto dentro,
que te he perdido en el mar
y con las olas no vuelves.
Que "La Lloca" me cuenta
cuando voy a pasear
que, a veces, podéis conversar
y que me esperas vigilando en el mar
para que no me derrumbe
y a gritos llore al no verte.
No te voy a olvidar
siempre estarás presente
y todos los días sentiré tu muerte.

AL FINAL

Aquella sanadora de almas era todo corazón.
¡Qué calidad humana,
con qué cariño te trató!:
—vas a estar más dormido,
pero estarás mejor;
él no quiso preguntarlo,
aunque sabía que la cosa iba mal,
dijo que sí, sin dudarlo,
pues sabía que no había nada más,
que el cáncer sus pulmones comía
y no le dejaba respirar.
Después de que aceptó
salí de la habitación
y la pena me inundó
por dentro
con tanto dolor
que aún ese ahogo siento
y entendí
que era el fin.
Después te cogí
de la mano
y no te quería soltar
que volaba ya tu alma
y escaparías del hospital.
Cada vez que me acuerdo de esto
no puedo evitar llorar,
aunque sé que tu luz jamás…
jamás se apagará.

¿QUIÉN?

¿Quién guiará mi camino
sin que me vuelva loca?
¿Quién empujará mis pasos?
¿Quién me apoyará en mis derrotas?

Nadie como tú que me sostenga.
Nadie como tú que me quiera.
Nadie que me detenga.

Me voy a equivocar una vez más.
¿Quién recogerá mis pedazos
para volverlos a juntar?

¿Quién entenderá mis locuras
locas de atar, sin límites,
sin brújulas sin fin?

Y mis rabietas tontas…
¿Quién las perdonará?
Y abrazará mis enojos
y me hablará con coherencia
y despacio
para volver a empezar

A LA ESCUELA

Llevaba tu hermano a la escuela
un banquín y un pizarrín,
tú llevabas lo mismo
aunque eras muy "piquiñín".

Él te cogía de la mano
y te ayudaba a cruzar,
tenía cuidado
de que algo te pudiera pasar.

Cuando te pusiste enfermo
yo la mano te di
y te la apretaba fuerte
para que fuerte pudieras seguir,
pero, aunque fuerte eras
y querías vivir
la muerte te vino a buscar
y te separó de mí.

Tu hermano te debió apoyar
cogiéndote de la mano
para ayudarte a cruzar.

Ahora sé que sigues velando
por los que seguimos esperando.
Te echo mucho de menos
y me acuerdo siempre de ti.

Echo de menos hablar contigo todos los días
como siempre lo hacías.
¡Qué sola me has dejado aquí!

No tengo quien me dé la mano
y me la apriete fuerte
para poder seguir.

VACÍO

Se fue mi padre
ahora siempre estaré sola.
Se fue sin hacer ruido
cuando le llegó la hora.
Se fue de todos querido.
Se fue luchando fuerte
como una roca.
Se fue acompañado y seguro,
de la mano de sus hijos cogido,
donde moran las buenas personas.

Ahora recojo el cariño
que dejaste en todos los amigos,
recuerdan tus buenas obras
y a quien guiaste te honra,
a quien ayudaste te llora.

Te echo de menos tanto
que estoy perdida en la sombra.
¡Ojalá el día que me llegue esa hora
estés tú para encaminarme
y que no esté tan sola!

REMOLINO

Remolino remuéveme,
remuéveme remolino.
No dejes de removerme
quiero saber que estoy viva.
Líbrame de la ataraxia
que vegeta en mi vida,
llévame de viaje
con el rock a tope,
deja esa meliflua melodía
y sácame del hondo mar.

DIME

Dime qué te preocupa.
¿Qué es lo que tienes?
¿Qué es lo que quieres?
En qué tu mente se ocupa.

Dime si quieres que esté a tu lado.
Si necesitas un abrazo.
Dime…
Ahora que estamos solos
y te toca ser sincero.
Si quieres tirarte a un pozo,
tocar fondo…
Dime…
En este camino en que nos vemos
dime hasta dónde quieres que te acompañe,
porque a mí no me hundes en un agujero,
si no quieres ser mi amigo,
si no quieres ser mi compañero,
dime hasta dónde voy contigo
y en qué lugar queda mi corazón por este camino;
sé sincero.

HACES DAÑO

Me haces daño,
porque no puedo alcanzarte,
porque clavas en balde
todas las miserias y si hablamos
me haces daño;
porque no quiero sentirme culpable
de todo lo que no puedo darte.
Todo en ti es extraño,
miras alrededor sin implicarte
como si no pudieras fiarte
del corazón de los que te quieren tanto.
Enredaderas en el bosque oscuro
donde vas a inspirarte.
Árboles retorcidos que te capturan
como tu mente,
seriedad salvaje
lo que hallas alrededor.
¿Quién querrá abrazarte?

PASA LA JUVENTUD PASA LA VIDA

De tu bien siente rabia el villano,
tu belleza envidian las amapolas
y tu cuerpo desnudo en verano
quieren acariciar todas las olas.
Brillas por fuera radiante de momento,
tu amigo te colma de besos a solas.
Ahora el tiempo pasa lento,
pero veloz se va la juventud enloquecida.
Y ahora buscas tu vida;
la piel tersa
que antes lucía
madura se aprecia
y sin embargo en tu mente
te sigues viendo lozana
como antes parecías.
Ahora valoras otras cosas:
eres más sabia, más prudente,
sabes disfrutar la vida.
Al final morimos siendo perfectos
será por eso que se nos acaba la vida.

MUNDO INSENSIBLE

Impenetrables
rayos a mi corazón
todos a una
clavados al son.
Así me siento a veces
en este mundo insensible sin razón.

Si tú estuvieras a mi lado,
esa brasa que llevo dentro
se calmaría en un momento
con solo que susurraras: —tranquila
y me sonrieras como sueles hacerlo.

PALPITAN

Palpitan las estrellas
en el cielo.
Grita mi corazón sincero,
zarandea mi amplio desvelo.
Di qué quieren de ellos
los agujeros negros
escondidos tras el manto oscuro del cielo.

Tus ojos sonríen al pasar
y cuando echan a andar
ninguno de los dos
nos dejamos de buscar.

Tus ojos son agujeros negros
que me engullen al mirar.
Mírame pues lo que quieras,
pero recuerda que ahora
no podemos dar
marcha atrás.

Quédate en el reflejo del brillo de mis ojos,
porque esta aventura infinita
ya no se puede parar.

ME MIRAS MUCHO

Que dice mi corazón
que me miras mucho
y no estamos a solas.
Que enciendes mi pasión
y se vuelve la noche aurora.
Clama mi ansiedad
por un poco de aire.
Que me vuelves loca
al mirarme.
Que no te cortas
y la gente lo nota.
Que tu mirada piensa
en alto
y ahí arriba se advierte
la supernova.

MAGO

Tú que adornas mi vida con magia
haz que sea lo que tenga que ser.
Haz mago
de magia blanca
magia en el tiempo.
Cuéntame el secreto
de los oscuros talentos.
Haz que me quiera
otra vez.
Une las ilusiones rotas
que se deshacen
cuando las tocan.
Dame el cariño de un amigo verdadero,
cuéntame aquel amor que llenó el alma
sin tener que decir nada
arropado solo con la mirada.

ORACIÓN A LA LUNA

A la luna le he prometido
que si luce serena y clara
le doy mis miedos y mis dudas
y le hago un camino de plata.

Apuesta por ti,
mi alma,
que el fuego que llevo por dentro
seguro que incendia la calma.

Apuesta por ti, sabes lo que vales
solo tienes que decirlo en alto,
gritarlo por las calles.

Apuesta por ti, no somos perfectos,
ama tus aptitudes,
perdona tus errores,
quiere tus defectos.

Apuesta por ti,
sueña despierto.
Tú, que como yo eliges ir a la luna,
corre por tus sueños.

BAILAS

Bailas conmigo
en el momento
en que mi vida entera
dejó mi cuerpo árido.
Vive conmigo
este sufrimiento,
te invitaré a estar masticando pensamientos.
Sabes que no es posible,
pero sigues mirándome,
así no puedes ser invisible,
insisten tus ojos,
hablan sin tregua hambrientos
de mis inútiles excusas,
se ríen de mis intentos
de huir y deshacerme de ti.
Si te acercas me deshago
como las olas del mar
cuando dejan la espuma
en la arena.
Así se va a notar
que no bailo sola.

A TODAS HORAS

Lloro todos los días al recordarte.
Lloro con quejido herido
por no poder abrazarte.
Tu ejemplo quiero seguir
siendo fuerte a todas horas,
pero a veces tengo que sacar de mí
las lágrimas que me ahogan
y dejar escapar el sentimiento
que triste rasga el recuerdo
y lo inunda de lágrimas puras.

ADIOS AMOR

Mira mi amor
por amor
tuve que decirte adiós.

Mira mi amor
por amor
tuve que dejarte ir.

Mira mi amor
por amor
no fui detrás de ti.

Solo por amor
al amor
a mi autoestima y a mí.

DÉJAME VIVIR

Tendrás que salir de mi vida ya,
déjame continuar,
crecer, evolucionar…
Estoy atada
y me quiero soltar,
tú nunca me has sabido valorar.
Todo lo que he dejado
por estar a tu lado,
he tenido yo la culpa
no debí abandonarlo nunca
y tú le dices a otra,
como el que no quiere la cosa,
que la quieres y la querrás siempre,
que os podéis ver a escondidas.
¿Me niegas la mayor y me dices que es una amiga?
¿Por quién me has tomado?
¿En qué lugar me has dejado?
¿Estás enamorado?
Por mí te la puedes quedar
igual te va a decir a todo que sí,
igual te va estas cosas a consentir.
Eres un egoísta y estás muy equivocado
si piensas que miraré a otro lado.
Lo siento, aunque sigo aquí,
ya hace tiempo
que me he marchado;
ni me siento libre, ni feliz en tu costado,
así mi mente viaja ya sola a todos lados.

SENSATA

Persigo una ilusión.
Quién me dice si es realidad
o es ficción.
Persigo un corazón que me mira
cuando tiene la ocasión.

Debería ir por el camino
sensato.
Debería ir por el camino
seguro.
O morir dándome contra ese muro
de opulencia alrededor.

No dejo de inventarme sueños
en los que creo que me quiere;
solo persigo una pasión
que no quiero dejar que pase y se queme.

No sé si él siente lo mismo,
pero mi corazón se acelera
cada vez que me hace un guiño.

Debería ser más sensata,
más prudente y más decente
y dejar esta locura.
Debería irme con ese pretendiente con más cordura.

Sería lo más seguro,
lo más certero y maduro,
pero si cierro los ojos
veo tu sonrisa.

No estaba preparada,
nadie me previno de nada.

Le escribo a la luna,
le escribo al sol,
hasta aquel corazón en ruinas
y una poesía al universo,
pero solo pienso
en esos ojos que adivinan lo que siento.

Debería ser más sensata,
imaginar que no existes,
que he inventado una emoción
que el tiempo desgasta
y que en realidad no siento nada,
pero los meses se suceden
y sigo sonriendo al verte.
No sé qué es lo que me pasa
que no puedo ni quiero dejar de quererte.

Debería ser más sensata
y dejar mis cucharas de plata.
Debería ir con ese pretendiente
de posición y oratoria elocuente,
que me quiere lucir ante su gente
y no ser tan inconsciente.
Debería ser menos impulsiva
y no seguir esta ilusión
aunque muera por no verte.

ALMAS HERMANAS

Tu mirada y mi mirada
se cruzan sin palabras.
Tú lo sabes, yo lo sé,
somos dos almas hermanas.

Una sonrisa en la mañana
es suficiente para escalar una montaña.
Un café y una caricia
todo lo que pido del día.

Vida que andas loca
por besar por donde pisas
si vivieras conmigo
sonreiría todos los días.

TRISTES Y SOLAS VAN LAS OLAS

Y las olas vienen
y las olas van.
¡Qué solas están
las olas del mar!
Tristes y solas
vienen y van,
ninguna se para,
avanzan hasta llegar
a la playa,
sin más.
La marea viene,
la marea va.
Hoy el mar está triste
que no quiere cantar
y tristes y solas
mueren las olas,
vienen y van
unas seguidas de otras
sin más fuerza para continuar.
Así se escucha hoy el sonido del mar.

ZAPATITOS

Unos zapatitos necesito
para andar por encima del sol.
¡Corazón!
Unos zapatitos de tacón
que hagan ruido
y sean de charol.
Unos tacones bonitos
para pisar los charquitos.
Unos zapatitos blanditos
que me hagan caminar hasta el sol.
¡Corazón!

EL JUICIO

Un ángel la trompeta va a tocar
a ver si tu conciencia dormida
logra despertar
iluminando el cielo
de tu vida espiritual.
Los muertos salen de sus tumbas
por el mundo a pasear,
exigiendo tu juicio.
Examina tu conciencia,
cultiva tu esencia,
el cambio está a punto de comenzar:
una profética visión
que a todos va a transformar.

NECESITO POESÍA

Hoy necesito leer poesía
que me envuelva,
que haga que me ame,
la poesía que me guía.
Necesito que un verso me abrace
con palabras de amor
y me dé un beso
en el alma
que me llene de pasión
y encienda mi vida
y mi corazón.

NAVEGA EL ALMA

Alma que sales a navegar
cuídate de la marejada,
déjate llevar.

Vuelve a llover sobre el mar...

Cuando la esperanza acaba
las lágrimas arden en la sal.
Déjalas volar que acabará
por llevarlas el viento y secarán
tus ojos a la orilla del mar.

ACARICIO TU MIRADA

Acaricio tu mirada
suave al despertar
y busco un susurro
que me haga vibrar.

Un abrazo que me convierta en amada.
Una ilusión con la que afrontar
una nueva jornada.

Acaricio tu mirada
como algo frágil que se puede esfumar,
como lo más valioso de este mundo,
como si me ataras a este sueño terrenal.

CÁMBIALO YA

Seguir y sufrir
sin posibilidad de cambiar.
Tu porvenir
cómo se marchita
a cada paso que das.

Seguir y seguir
sin poder transformar
tu vida entera
y empezarte a amar.

Decide pronto o te perderás
de tanto juzgar, arrepentirse y perdonar.
Despierta ya para poder avanzar,
para qué sufrir
empieza el cambio ya.

CÓMO ME VA

Te preguntas a ti misma
cómo te va
y no vas a ser sincera
una vez más.
Para que no te vayas a derrumbar
de mentira en mentira
la pared flojea
en tu casa de cristal.
Yo quiero saltar
sin miedo a caerme,
quiero vibrar
con cimientos de verdad.
Quiero vivir en libertad,
qué peligrosa palabra "LIBERTAD".
Por eso no puedo ahora
contestarme
cómo me va.

CORAZÓN DE ABEJAS

Tu mirada infinita
atiende al susurro
de mi mente,
del momento de pasión
que secuestra el amor
de la gente
y luego lo deja solo
al ver que te quiere.
Corazón de abejas
que incesantes se mueven,
algún día encontrarás paz
dentro de tus redes.

NO QUIERO VERTE

Y no querré tenerte al lado

Mi amor

muerto te señala

Haberme cuidado antes

Ahora no quiero verte

MIENTES

Marcas de la vida
salen de tu sonrisa
de la mueca torcida
que graciosa saluda,
pero que dudas deja.
Me mientes,
me mientes otra vez,
chasqueas con la boca,
mientras miras en un segundo
para otro lado
para darte tiempo a contestar
y sé que mientes.

PASASTE POR MI CALLE

La otra noche te vi
paseando por mi calle
y no pude dormir
pensando en tus detalles.
¡Ojalá me preguntes algo!
Aunque sea solo la hora,
si no me preguntas
yo salgo
a pasear por donde caminas ahora,
a ver si encuentro tu sombra
y a lo mejor imagino
que me invitas a cenar.
¡Ojalá que te guste suficiente!,
para salir prendida en tu mente
y abrazar lentamente
la dulce libertad.
¡Ojalá que se me pase el miedo!,
y te vaya un día a hablar
en vez de esperar sentada
y solo poderte contemplar.

ÁLBUM

En el álbum de los recuerdos
de personas que ya se han ido
mi corazón les acompaña.
¡Cuánto me disteis por haberos conocido!
Quiero volver a veros
para estar todos juntos
como aquellas sobremesas de ayer
y volver a sentir otra vez
aquella calidez,
aquel abrazo querido.
Ellos me vieron crecer
y yo al morir los despido.

PREPARA TU CORAZÓN

Prepara tu corazón
pues algún día nos va a tocar
a todos pedir perdón.
Tendrás que mentir a San Pedro y orar
y portarte con decoro.

Prepara tu corazón
cuando te metan en el pozo,
porque solo llevarás tu alma
cargada de energías buenas o enojos,
ni relojes, ni joyas
ni un tesoro.

Prepara tu corazón,
porque en la otra vida
lo material son solo despojos.

SIETE COPAS

Siete copas flotan en el ambiente,
confunden mi mente,
mi vida y mi imaginación;
una, pura canción
de fantasía irresponsable,
otra, nuble inalcanzable,
una mano que ofrece
éxitos mundanos,
fiestas terrenales acaecen
que de nada van a valer,
que se esfuman al soplar;
pero la copa del centro me hace soñar
esa es la que me voy a quedar.

ROTA

Rota.
Rota en pedazos.
Rota de tristeza.
Rota.
Quebrada como si una hoz segara
las esperanzas,
como si la gravedad
me hiciera pesar una tonelada,
como si me diera igual
la vida que antes llevaba
y los pequeños detalles
que antes me iluminaban
ahora se arrastran;
como si un martillo grande los aplastara,
como si mi voz gritara
en silencio atrapada
dentro de mi cuerpo,
como si el sol se apagara
y las olas del mar
no calmaran mi sufrimiento.

ME HE VUELTO A EQUIVOCAR

Rincones de mi vida
habéis venido
a recordarme
que me vuelvo a equivocar.
¡Cómo pasan los días!
Pasan y yo sigo igual.
Deja que se lleve el aire
mi suspiro,
que respiren vida mis derrotas
y que el sol me espere
en cada esquina
para iluminar mi camino.
El amor tantas veces aplaudido
no fue más que un suspiro,
déjalo que se vaya
por donde vino.

DECEPCIONADO

Mi amor suspira en la angustia del silencio
sin color,
falto de luz.
Lo mueve de acá para allá el viento,
falto de luz.
Vacío, detrás de un muro gris
lleva una capa larga y va mirando al suelo,
se le ve sufriendo…
Decepcionado de tanto andar
sin hallar la felicidad.
Toma aliento
parándose a escuchar un momento
los recuerdos del pasado
que torturan la ilusión
y gritan arrepentimiento.

RAMO DE ROSAS

Un ramo de rosas
caído lloró.
Abandonado de las cosas
que un día recordó
que eran valiosas.
Él me hace sentir amor,
el amor en tu ausencia se hace físico en su boca.
El viento que acaricia mi vida
al mar enloquece cuando tu cuerpo
pegado al mío suspira.
Necesito más rosas,
más caricias
y besos infinitos
que me recuerden cómo amar.

FELICIDAD

Un día me fui corriendo,
te quise alcanzar
y cuando me dijiste:
—VAMOS

quise tu mano agarrar.
La felicidad es un instante
DE LUZ

y alegría.
Ser el testigo de un color único.
AL AMANECER.

Una mirada penetrante
que dice todo
MUDA.

Donde no hace falta nada más,
porque llena
ME QUEDÉ

Una caricia que nunca termina.
Un "BUENOS DÍAS" con el café.

DICES

Dices que me olvide,
pero no puedo.
Dices que ya no somos nada,
pero ayer,
ayer lo éramos todo.
Y ahora,
ahora tú lo olvidas
y yo lo añoro,
porque no puedo olvidar el ayer,
porque éramos uno.
Y ahora,
ahora ya no.
Debo arrancarme la piel,
porque ya no estamos juntos.
Debo despegarme de ti,
de tus recuerdos
como el que le quita a la manzana la piel.
Pienso en el ayer,
porque el hoy es muy triste y duele.
Debo pensar en el mañana
y negarme a mirar atrás
esperando que el ahora se haga mañana
y el mañana, mi ahora.

¿SABES?

Cuando una canción
se convierte en un beso.
Cuando un corazón
se desdobla en dos cuerpos.
Cuando una adicción
es mirar tu cuello.
Cuando hay un alma
que con sus palabras acaricia tu pelo.

¿Sabes qué pasa?
Lo que pasa
es que al verse
se dicen te quiero.

DOCTOR IMAGINACIÓN

PONGAME UNA RACIÓN

QUE HOY NECESITO VOLAR

CÁNTAME POESÍA

Con solo que me cantes un verso
prometo despertar
de este maldito sueño,
de esta pesadilla.
Si me cantas una poesía
prometo darte un beso
de los que nunca se olvidan.
Imagina qué te daría
si me cantaras un libro entero de poesía.

OLOR A TIERRA MOJADA

Huele a tierra mojada,
a lluvia recién caída,
a tormenta retorcida
de rabia de agua liberada.

Huele a lluvia
y a jazmín
y me hace recordar tu mirada.
Y huele a ti
en mi cama
y en mi almohada.

ESTÁS ENAMORADO

Te voy a hacer para comer
sopa de corazones,
te voy a dar mil razones
para echar a correr.
Si por la tarde te veo volver
pensaré que estás muy loco.
Te reñiré lo justo, solo un poco,
pero luego me dejaré querer.
Si por la mañana sigues a mí abrazado
te compraré un helado de amor
para que se te pase el calor
y tendré que explicarte que estás enamorado.

LADRÓN DE CORAZONES

Me has robado,
al darte un beso
y no me he enterado.
¿Dónde has dejado
mi corazón?
Lo tienes capturado,
atrapado en algún lugar
de tu sonrisa, entre tus labios,
en tus ojos abrazado.
Ya no podré sentir
nada por nadie.
Ya noto que no me late,
que no palpita como antes,
solo ha saltado en mi pecho
cuando te has acercado
y me has contado un secreto:
"Mientras tengas sueños
seguirá latiendo".

TORMENTA

Un rayo en la tormenta
me cayó muy cerca,
muy cerca.
¡Qué miedo dan esos dardos,
pero más miedo da la tristeza!
Me gusta ver la lluvia,
porque limpia todas las penas
que rondan por la cabeza
y lo grande que llega a ser
la madre naturaleza.
Qué sabia, profunda y fuerte
es nuestra madre tierra,
nosotros nos morimos
y ella sigue de una pieza.

DESCALZA

Me gusta pisar descalza
en casa.
Me siento
segura.
Mi calor
se olvida.
Mi cuerpo
se relaja
y descansa.
Pisar descalza
en casa.
Pisar descalza
y bailar desnuda
abrazada a tu cintura.

ANTES DE QUE ACABE LA NOCHE

Antes que la noche acabe
te voy a escribir un soneto,
uno que me diga completo
lo que la poesía ya sabe;
que tu sonrisa alabe,
que sea como un boceto,
pero, que aún, sea discreto
dentro de lo que cabe.
Tus ojos verdes voy soñando,
el pelo liado maltrecho,
mi corazón va palpitando
por ese halago que me has hecho,
por eso besos te voy dando
y quizás vengas a mí derecho.

¿QUÉ PODRÍA PASAR?

No sé qué va a pasar
estoy viviendo un cuento;
estos días de paz
flotan en el viento.
No sé qué va a pasar
si me regalas una flor
y me invitas a un buen vino
y bailamos una canción
cerquita del mar.
Tal vez nos salpiquen las olas
y la gente veamos pasar
y de madrugada volvamos por las calles,
pero siempre sigamos oyendo el mar.
Iremos buscando cada vez más, más intimidad,
tú me darás un beso que me haga callar
y yo me enredaré en tu cuerpo…
Esto es lo que puede pasar
a la vuelta de cenar.

LO QUE ME OFRECES

Me ofreces besos,
besos de esos
que saben a tierna canela.
De esos que marean
con solo besarlos.
De los que son impredecibles
y terminan siendo un torbellino de pasión.
Luego te vas y me dejas,
te ausentas huyendo de la monotonía
y yo me quedo recordando tus besos
y sopesando si es suficiente soñar con ellos
o ir a buscarlos en sueños
o quedarme dolida
por tu partida…
no puedo evitarlo
te sigo soñando.

POEMAS HAIKU

I
Destellos arden
en gotas salpicadas
de la luz del sol.

II
Se rompió su ser
y quedó su corazón
solo y arrugado.

III
La luz temprana
que cierras los ojos
enciendes el día.

IV
Secreto mío
que tú descubriste
ahora es tuyo.

V
Seduce el sol
al mar y termina él
por derretirse.

VI
El gato mira
y su madre vigila
donde él mira.

VII
El túnel largo
esa luz infinita
que te deslumbra.

VIII
Tu voz susurra
cosquillas en el vientre
su piel excita

IX
El sol abrasa
la brisa toca tu piel
contenta hiela.

X
Los rayos rompen
nubes enfurecidas
en un destello.

XI

Resbala veloz
haciéndome cosquillas
la arena fina.

XII

Campanas suenan
madrugadoras tocan
ya es la hora.

XIII

Quiero sonreír
necesito tu risa
te quiero a ti.

XIV

Tus ojos miran
vuela mi emoción
tiembla mi cuerpo.

XV

Cómo olvidar
las almohadas infinitas
y tu respirar.

XVI
Ojos cerrados
con respiración lenta
quiero silencio.

XVII
Amo la noche
adoro el silencio
me pierdo en él.

XVIII
Coges mi pelo
¡qué bien huele tu pelo,
mamá, huele bien!

XIX
Tú le sonríes
y no hay más en el mundo,
porque le llenas.

XX
Olor a café
un beso en la cama
y tu mirada.

XXI
Abres la boca
y me muerdes los labios
apasionados.

XXII
Lanzas mensajes
en clave sonriéndome
y río contigo.

XXIII
Silencio, pausa
sigilo y respira paz
reposo y calma.

XXIV
Secreto loco
dulce sensación arde
misterio y amor.

ÍNDICE

DESPEDIDAS Y DESPERTARES I............................... **9**

A LOS QUE SE HAN IDO.. 13
A MI TÍO ROBERTO.. 14
OTOÑO.. 15
COMPAÑERO.. 16
BESOS 17
ÁRBOL HERIDO 18
COVADONGA 19
BURRITO DE PLATA 20
YA SÉ 21
ESCLAVITUD EN AFGANISTÁN..................................... 22
AMOR PERDIDO 24
RECUERDOS 25
PAPÁ 27
¿AMIGA?.. 29
ME LLAMO SOLEDAD... 30
LUNA LLENA DE AMOR MUERTO 31
EL SECRETO DE LA LUNA 32
AMANECEN LOS SENTIDOS 34
LIBRE 35
Y ME ECHÉ LA CULPA 36
ADIÓS A ESA MELODÍA.. 37
NO SIENTO NADA 38
ESCUCHA TU INTERIOR 39
PULULABAN 41
OJOS DE MAR.. 42
A MI AMOR 43
PAÑUELO NEGRO 44
NO SABES 45
SE APAGÓ 46
NOVIO TÓXICO... 47

EL NIVEL MÁS BAJO LO TIENES TÚ 49
LA BUENA PERSONA 50
PERDIDO 51
DESPIERTA 52
RECORDÁNDOTE 53
MIRAS POR INTERÉS 54
MÚSICO 56
PIROPO 57
OJITOS VERDES 58
ESCONDIDOS 59
SEÑALES 60
MIL 61
LOS QUE TE ORDENAN 62

DESPEDIDAS Y DESPERTARES II **63**

ME DOY CUENTA DE MI SOLEDAD 67

UN BESO AL CIELO *Poesías a mi padre* **69**

A MI PADRE 73
SE FUE… 74
AL FINAL 75
¿QUIÉN? 76
A LA ESCUELA 77
VACÍO 79
REMOLINO 80
DIME 81
HACES DAÑO 82
PASA LA JUVENTUD PASA LA VIDA 83
MUNDO INSENSIBLE 84
PALPITAN 85
ME MIRAS MUCHO 86
MAGO 87

ORACIÓN A LA LUNA 88
BAILAS 89
A TODAS HORAS 90
ADIOS AMOR 91
DÉJAME VIVIR 92
SENSATA 93
ALMAS HERMANAS 95
TRISTES Y SOLAS VAN LAS OLAS 96
ZAPATITOS 97
EL JUICIO 98
NECESITO POESÍA 99
NAVEGA EL ALMA 100
ACARICIO TU MIRADA 101
CÁMBIALO YA 102
CÓMO ME VA 103
CORAZÓN DE ABEJAS 104
NO QUIERO VERTE 105
MIENTES 106
PASASTE POR MI CALLE 107
ÁLBUM 108
PREPARA TU CORAZÓN 109
SIETE COPAS 110
ROTA 111
ME HE VUELTO A EQUIVOCAR 112
DECEPCIONADO 113
RAMO DE ROSAS 114
FELICIDAD 115
DICES 116
¿SABES? 117

**DOCTOR IMAGINACIÓN   PONGAME UNA RACIÓN
QUE HOY NECESITO VOLAR 119**

CÁNTAME POESÍA 121

OLOR A TIERRA MOJADA 122
ESTÁS ENAMORADO 123
LADRÓN DE CORAZONES 124
TORMENTA 125
DESCALZA 126
ANTES DE QUE ACABE LA NOCHE 127
¿QUÉ PODRÍA PASAR? 128
LO QUE ME OFRECES 129
POEMAS HAIKU 130